Impressum
Verlag: BABADADA GmbH, Nedderfeld 112 , 22529 Hamburg
Geschäftsführer / Verlagsleitung: Harald Hof
Druck: Books on Demand GmbH, In de Tarpen 42, 22848 Norderstedt

Imprint
Publisher: BABADADA GmbH, Nedderfeld 112 , 22529 Hamburg, Germany
Managing Director / Publishing direction: Harald Hof
Print: Books on Demand GmbH, In de Tarpen 42, 22848 Norderstedt

學校

学校

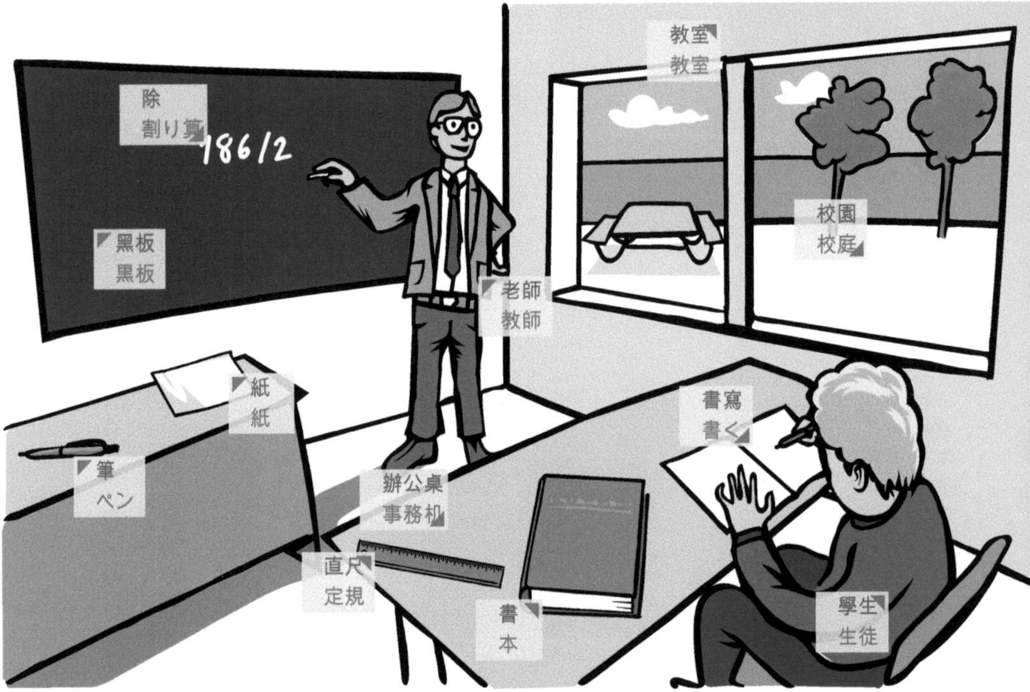

教室
教室
除
割り算
186/2
黑板
黒板
老師
教師
校園
校庭
紙
紙
書寫
書く
筆
ペン
辦公桌
事務机
直尺
定規
書
本
學生
生徒

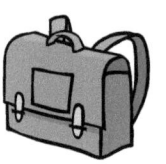

書包

ランドセル

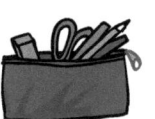

鉛筆盒

筆入れ

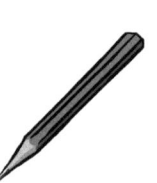

鉛筆

鉛筆

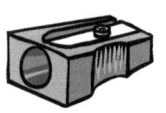

削鉛筆機

鉛筆削り

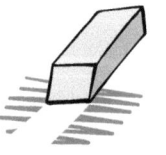

橡皮擦

消しゴム

畫板

スケッチブック

圖畫
スケッチ

畫筆
絵筆

顏料盒
絵の具箱

剪刀
はさみ

膠水
接着剤

練習冊
練習帳

家庭作業
宿題

12

數字
数

2+2

加
足し算

5-2

減
引き算

2×2

乘
かけ算

計算
計算する

A

字母
文字

ABCDEFG
HIJKLMN
OPQRSTU
VWXYZ

字母表
アルファベット

hello

字
単語

課文
テキスト

讀
読む

粉筆
チョーク

上課
授業

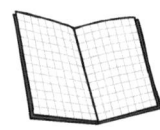

登記
学級日誌

考試
試験

證書
通知表

校服
制服

教育
教育

百科全書
百科事典

大學
大学

顯微鏡
顕微鏡

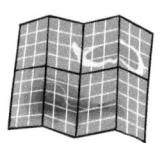

地圖
地図

廢紙簍
ごみ箱

旅行
旅行

飯店
ホテル
Grand
青年旅社
ホステル
ROOMS
外幣兌換處
両替所
手提箱
スーツケース
汽車
自動車

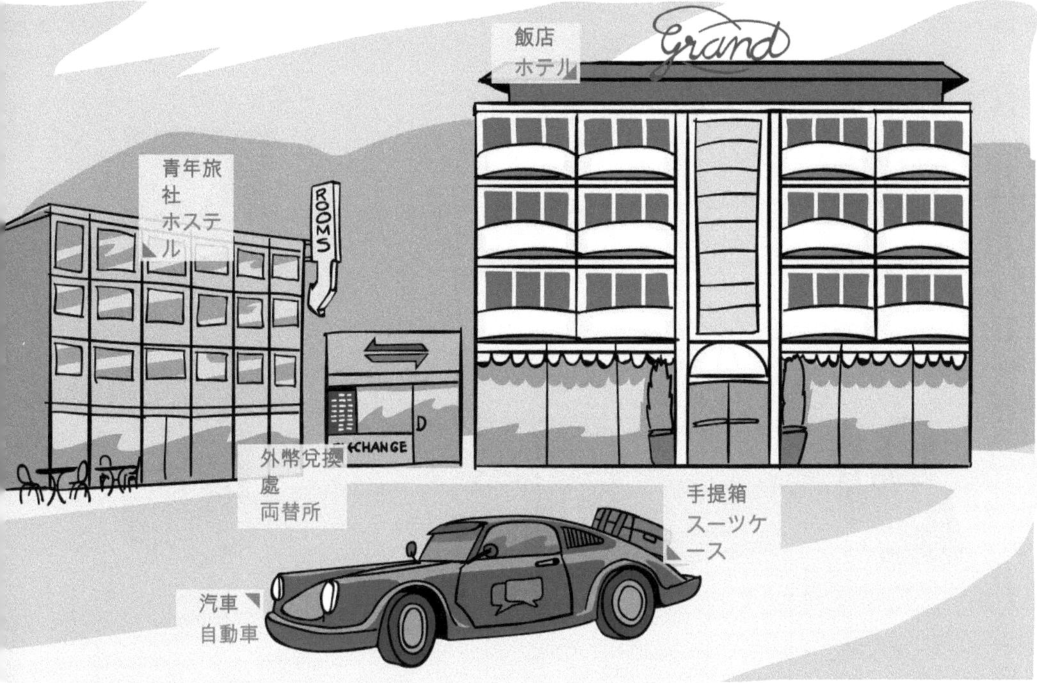

語言

言語

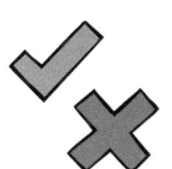

是/否

はい / いいえ

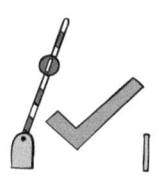

好的

問題ない

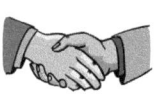

您好

ハロー

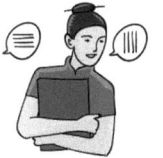

翻譯人員

翻訳者

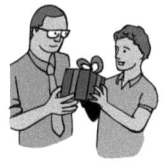

謝謝

ありがとう

......多少錢？

...はいくらですか？

我不明白

わかりません

問題

問題

晚上好！

こんばんは！

早上好！

おはようございます！

晚安！

おやすみなさい！

再見

さようなら

方向

方向

行李

手荷物

包

バッグ

背包

リュックサック

客人

お客様

房間

部屋

睡袋

寝袋

帳篷

テント

旅行資訊

旅行者情報

海灘

ビーチ

信用卡

クレジットカード

早餐

朝食

午餐

昼食

晚餐

夕食

票

チケット

電梯

エレベーター

郵票

スタンプ

邊界

境界

海關

税関

大使館

大使館

簽證

ビザ

護照

パスポート

交通運送

輸送

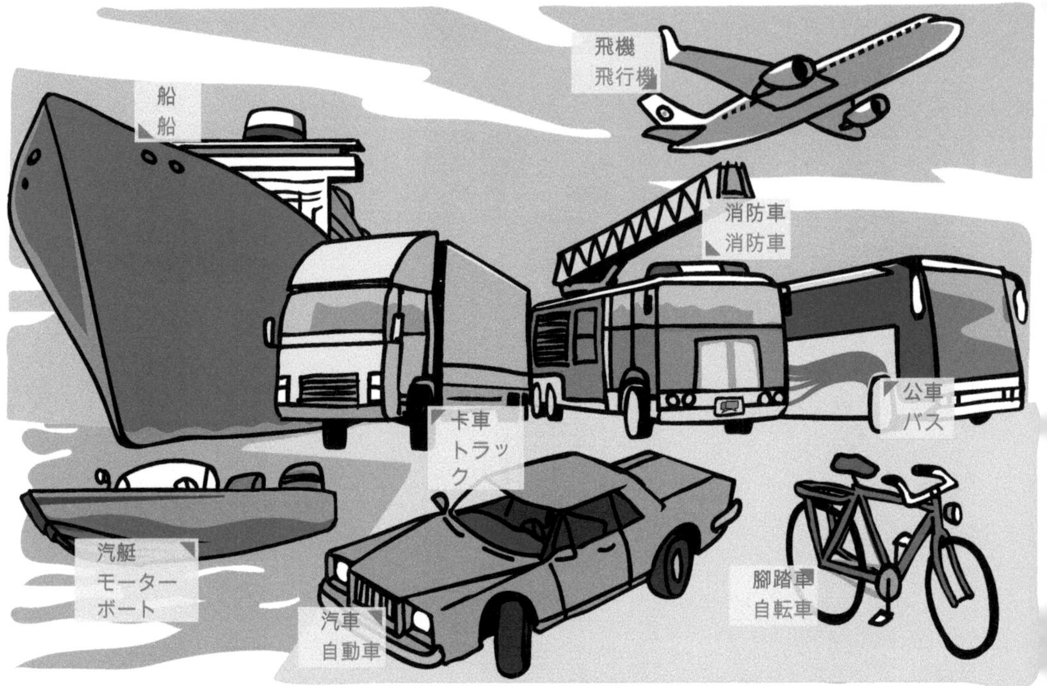
飛機
飛行機
船
船
消防車
消防車
公車
バス
卡車
トラック
汽艇
モーターボート
汽車
自動車
腳踏車
自転車

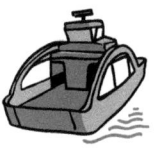

渡輪

フェリー

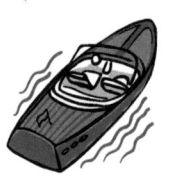

小船

ボート

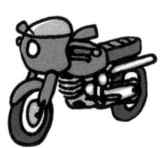

機車

バイク

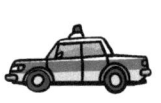

警車

パトカー

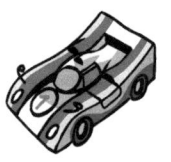

賽車

レーシングカー

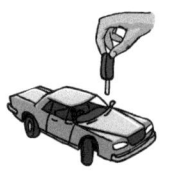

租車

レンタカー

拼車
カーシェアリング

拖車
レッカー車

垃圾車
ごみ収集車

馬達
モーター

汽油
燃料

加油站
ガソリンスタンド

交通標識
交通標識

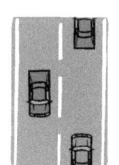

交通
交通

交通堵塞
渋滞

停車場
駐車場

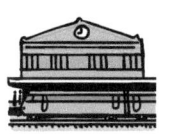

火車站
駅

軌道
道

火車
列車

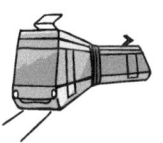

路面電車
路面電車

客車廂
車両

直升機
ヘリコプター

機場
空港

塔
タワー

乘客
乗客

集裝箱
コンテナ

紙板箱
段ボール箱

手推車
カート

籃子
カゴ

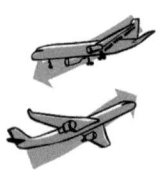

起飛/降落
離陸 / 着陸

城市
都市

村莊
村

市中心
都心

房子
家

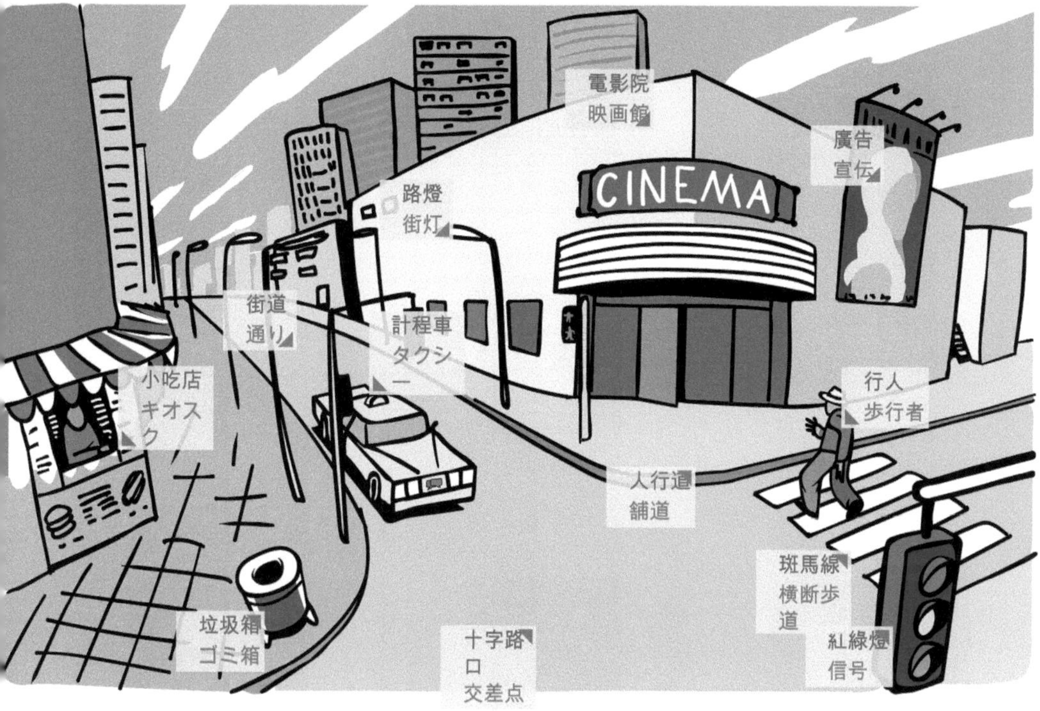

電影院
映画館

廣告
宣伝

路燈
街灯

CINEMA

街道
通り

計程車
タクシー

小吃店
キオスク

行人
歩行者

人行道
舗道

斑馬線
横断歩道

紅緑燈
信号

垃圾箱
ゴミ箱

十字路口
交差点

小屋
⋯⋯⋯⋯
小屋

公寓
⋯⋯⋯⋯
アパート

火車站
⋯⋯⋯⋯
駅

市政廳
⋯⋯⋯⋯
市役所

博物館
⋯⋯⋯⋯
美術館

學校
⋯⋯⋯⋯
学校

大學
大学

銀行
銀行

醫院
病院

飯店
ホテル

藥房
薬局

辦公室
オフィス

書店
書店

商店
ショップ

花店
花屋

超市
スーパーマーケット

市場
市場

百貨商店
デパート

魚店
魚屋

購物中心
ショッピングセンター

海港
港

公園
公園

長凳
ベンチ

橋
橋

樓梯
階段

捷運
地下鉄

隧道
トンネル

公車站
バス停

酒吧
バー

餐館
レストラン

郵筒
ポスト

路標
道路標識

停車計時器
パーキングメーター

動物園
動物園

游泳池
スイミングプール

清真寺
モスク

農場
農場

污染
汚染

墓地
墓地

教堂
教会

操場
遊び場

寺廟
寺

地形

風景

樹葉
葉

指示牌
道標

草地
草地

路
道

石頭
石

樹木

徒步旅行
者
ハイカー

河川

草
草

花
花

峽谷
谷

丘陵
山

湖
湖

森林
森

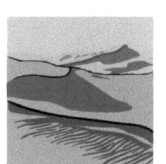

沙漠
砂漠

火山
火山

城堡
城

彩虹
虹

蘑菇
キノコ

棕櫚樹
ヤシの木

蚊子
蚊

蒼蠅
ハエ

螞蟻
蟻

蜜蜂
ミツバチ

蜘蛛
クモ

甲蟲

カブトムシ

青蛙

蛙

松鼠

リス

刺蝟

ハリネズミ

野兔

ウサギ

貓頭鷹

フクロウ

鳥

鳥

天鵝

白鳥

野豬

雄豚

鹿

鹿

麋鹿

ヘラジカ

水壩

ダム

風力發電機

風力タービン

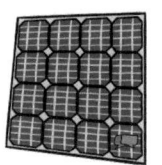

太陽能電池板

ソーラーパネル

氣候

気候

餐館

レストラン

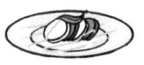

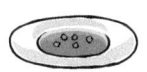

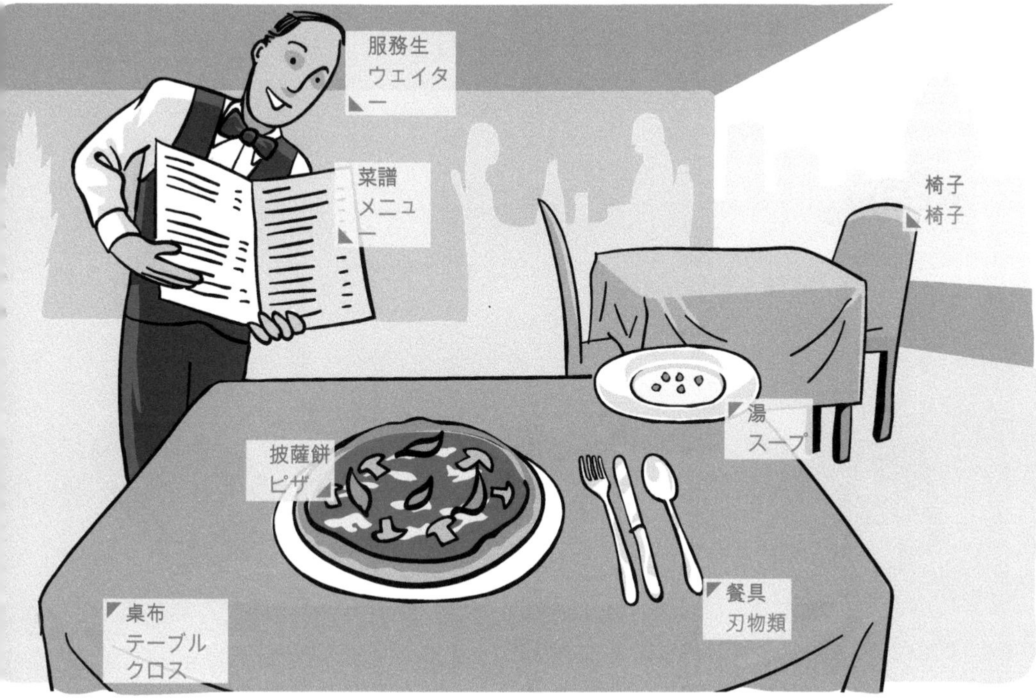
服務生
ウェイター
菜譜
メニュー
椅子
椅子
湯
スープ
披薩餅
ピザ
餐具
刃物類
桌布
テーブルクロス

前菜

前菜

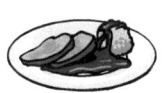

主菜

メインコース

甜點

デザート

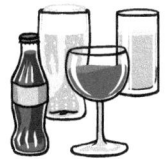

飲料

飲み物

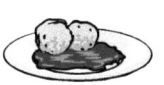

食物

食べ物

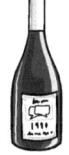

瓶子

ボトル

速食
ファストフード

街邊小吃
屋台の食べ物

茶壺
ティーポット

糖盒
砂糖入れ

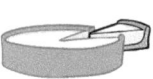

一份飯菜
一人前

義式咖啡機
エスプレッソマシン

高腳椅
幼児用食事椅子

帳單
請求書

托盤
トレー

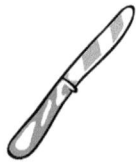

刀
ナイフ

餐叉
フォーク

勺子
スプーン

茶匙
ティースプーン

餐巾
ナプキン

玻璃杯
グラス

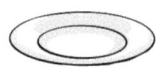

碟子
皿

湯盤
スープ皿

碟子
受け皿

醬
ソース

鹽瓶
塩入れ

胡椒研磨罐
ペッパーミル

醋
酢

食用油
油

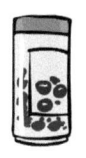

調味料
スパイス

番茄醬
ケチャップ

芥末
マスタード

美乃滋
マヨネーズ

超市
スーパーマーケット

特價
特価品
FOR
顧客
顧客
乳製品
乳製品
水果
果物
購物車
ショッピング
・カート

BUTCHERS

肉鋪

肉屋

BAKERY

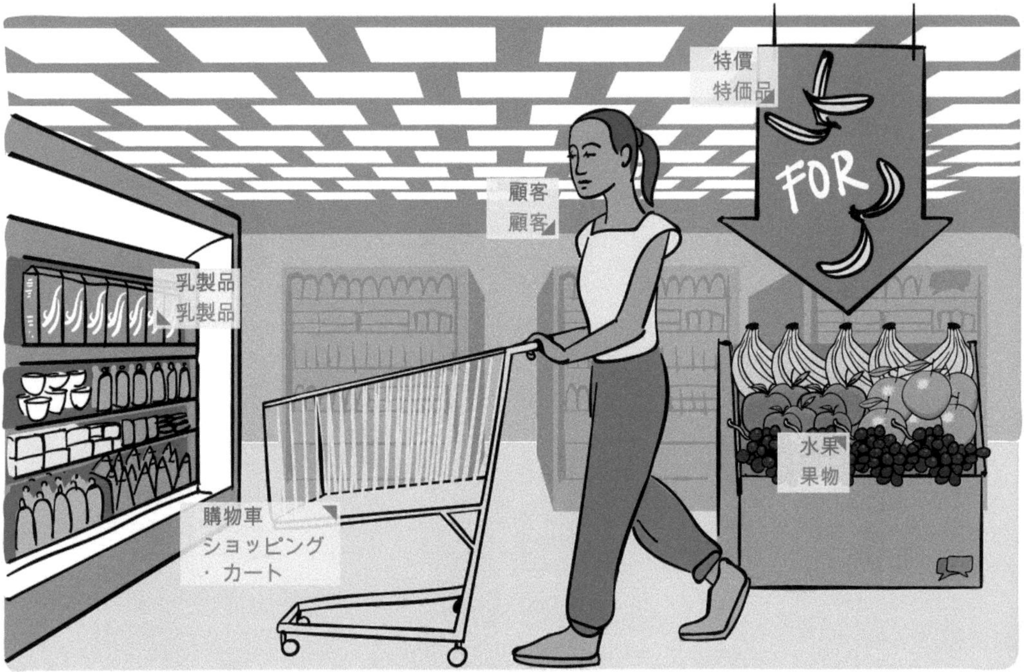

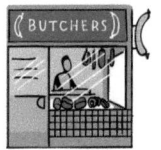

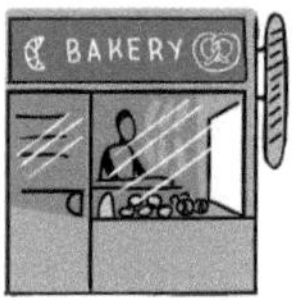

麵包店

パン屋

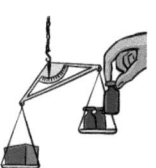

稱重

重さをはかる

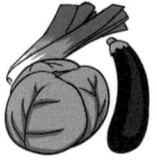

蔬菜

野菜

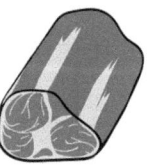

肉

肉

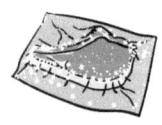

冷凍食品

冷凍食品

冷盤

冷肉の薄切り

罐頭食品

缶詰食品

洗衣粉

洗剤

甜食

菓子

日用品

家庭用品

清潔用品

清掃用品

銷售員

販売員

收銀機

現金箱

收銀員

レジ係

購物清單

買い物リスト

開放時間

開館時刻

錢包

財布

信用卡

クレジットカード

袋子

バッグ

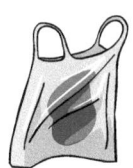

塑膠袋

ポリ袋

水

水

果汁

ジュース

牛奶

牛乳

可樂

コーラ

紅酒

ワイン

啤酒

ビール

酒

アルコール

可可

ココア

茶

紅茶

咖啡

コーヒー

義式濃縮咖啡

エスプレッソ

卡布奇諾

カプチーノ

香蕉

バナナ

蘋果

リンゴ

柳丁

オレンジ

西瓜

メロン

檸檬

レモン

胡蘿蔔

ニンジン

大蒜

ニンニク

竹子

竹

洋蔥

玉ねぎ

蘑菇

キノコ

堅果

ナッツ

麵條

ヌードル

義大利麵

スパゲッティ

米飯

米

沙拉

サラダ

薯條

フライドポテト

炸馬鈴薯

フライドポテト

披薩餅

ピザ

漢堡

ハンバーガー

三明治

サンドウィッチ

炸豬排

カツレツ

火腿

ハム

義大利臘腸

サラミ

香腸

ソーセージ

雞肉

鶏肉

烤肉

焼き

魚

魚

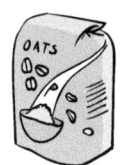

燕麥片

麦のお粥

木斯里

ムーズリ

玉米片

コーンフレーク

麵粉

小麦粉

牛角麵包

クロワッサン

麵包捲

ロールパン

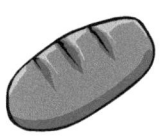

麵包

パン

吐司

トースト

餅乾

ビスケット

奶油

バター

凝乳

カッテージチーズ

蛋糕

ケーキ

蛋

卵

煎蛋

目玉焼き

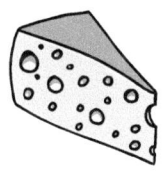

起司

チーズ

冰淇淋

アイスクリーム

糖

砂糖

蜂蜜

はちみつ

果醬

ジャム

巧克力醬

ヌガークリーム

咖哩

カレー

農場

農場

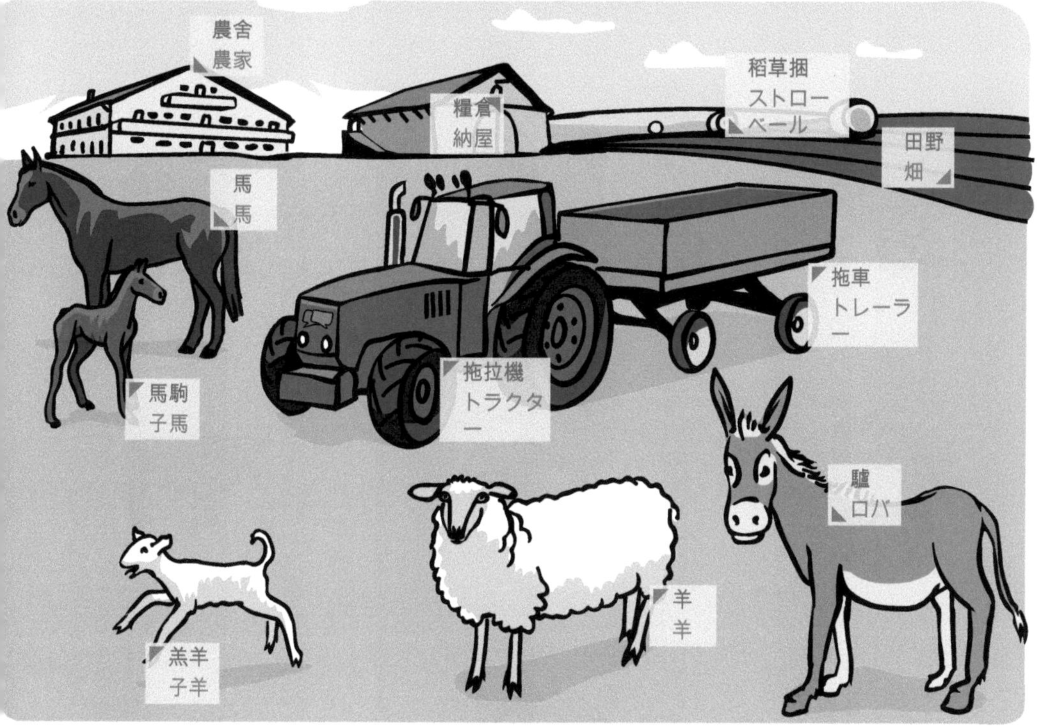
農舍
農家
糧倉
納屋
稲草捆
ストローベール
田野
畑
馬
馬
拖車
トレーラー
拖拉機
トラクター
馬駒
子馬
驢
ロバ
羊
羊
羔羊
子羊

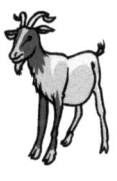

山羊

ヤギ

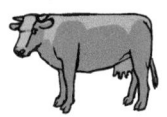

奶牛

雌牛

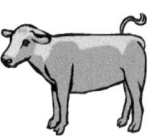

小牛

子牛

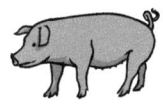

豬

豚

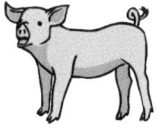

小豬

子豚

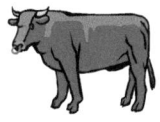

公牛

雄牛

鵝

ガチョウ

鴨

アヒル

小雞

ひよこ

母雞

にわとり

公雞

おんどり

鼠

ネズミ

貓

猫

老鼠

ねずみ

牛

雄牛

狗

犬

狗屋

犬小屋

花園澆水軟管

散水ホース

澆水壺

じょうろ

長柄大鐮刀

大鎌

犁

すき

鐮刀

草刈り鎌

鋤頭

くわ

長柄草耙

堆肥用フォーク

斧頭

斧

獨輪手推車

手押し車

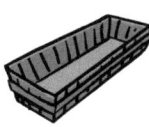

飼料槽

かいばおけ

牛奶罐

牛乳缶

麻布袋

袋

柵欄

フェンス

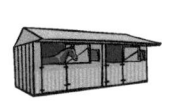

馬廄

畜舎

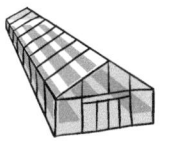

溫室

温室

土壤

土壌

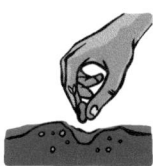

種子

種

肥料

肥料

聯合收割機

コンバイン

收割
收穫する

收割
収穫

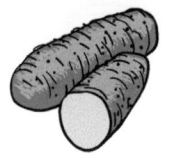

地瓜
ヤマイモ

小麥
小麦

大豆
大豆

土豆
じゃがいも

玉米
トウモロコシ

油菜籽
菜種

果樹
果樹

樹薯
キャッサバ

穀物
穀物

煙囪
煙突

屋頂
屋根

落水管
排水管

窗戶
窓

車庫
車庫

門鈴
呼び鈴

門
ドア

垃圾桶
ゴミ箱

信箱
郵便受
け

花園
庭

客廳
リビングルーム

浴室
浴室

廚房
台所

臥室
寝室

兒童房
子供部屋

餐廳
ダイニング・ルーム

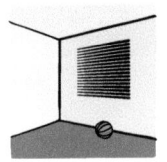

地板
床

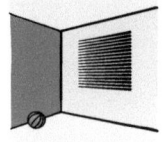

牆壁
壁

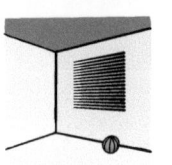

天花板
天井

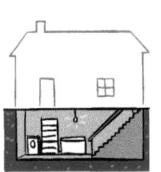

地窖
地下貯蔵庫

三溫暖
サウナ

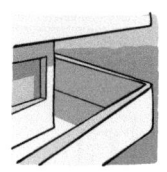

陽臺
バルコニー

露臺
テラス

游泳池
プール

割草機
芝刈り機

被單
シーツ

床罩
ベッドカバー

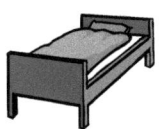

床
ベッド

掃帚
ほうき

水桶
バケツ

開關
スイッチ

壁紙
壁紙

檯燈
ランプ

相片
絵

擱架
棚

櫥櫃
食器棚

電視
テレビ

壁爐
暖炉

墊子
クッション

花
花

沙發
ソファ

花瓶
花瓶

遙控器
リモコン

地毯
....
カーペット

窗簾
....
カーテン

餐桌
....
テーブル

椅子
....
椅子

搖椅
....
ロッキングチェア

扶手椅
....
ひじ掛け椅子

書
本

毯子
毛布

裝飾品
飾り

木柴
たきぎ

電影
映画

高傳真音響
ステレオ

鑰匙
鍵

報紙
新聞

油畫
絵画

海報
ポスター

收音機
ラジオ

筆記本
メモ帳

吸塵器
掃除機

仙人掌
サボテン

蠟燭
ろうそく

廚房
台所

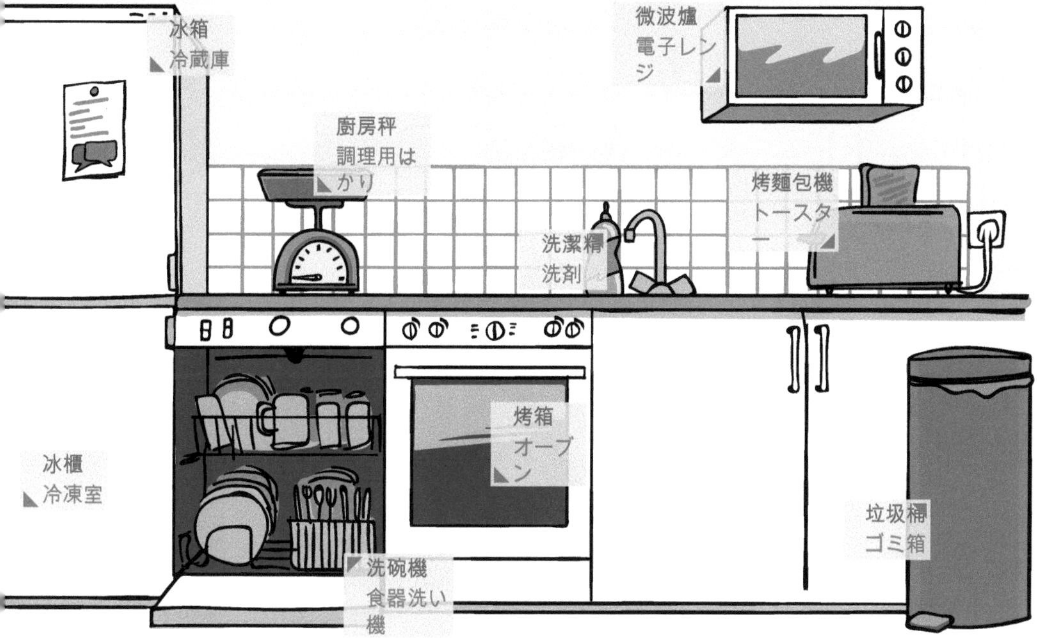

冰箱
冷蔵庫
微波爐
電子レンジ
廚房秤
調理用はかり
烤麵包機
トースター
洗潔精
洗剤
冰櫃
冷凍室
烤箱
オーブン
垃圾桶
ゴミ箱
洗碗機
食器洗い機

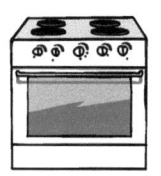

炊具

こんろ

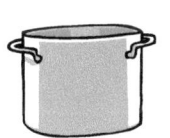

鍋

鍋

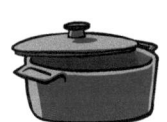

鑄鐵鍋

鉄鍋

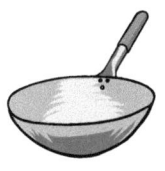

炒鍋

中華鍋/ カダイ鍋

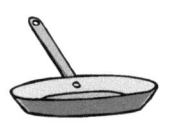

平底鍋

フライパン

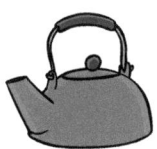

水壺

やかん

蒸鍋

蒸し器

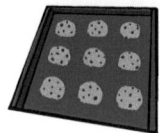

烤盤

天板

陶瓷鍋

食器

馬克杯

マグカップ

碗

ボウル

筷子

箸

長柄勺

おたま

鏟子

へら

攪拌器

泡立て器

濾網

こし器

篩子

ふるい

磨碎機

すりおろし器

研缽

すり鉢

燒烤

バーベキュー

明火

かまど

菜板
....
まな板

擀麵杖
....
麵棒

開瓶器
....
栓抜き

罐子
....
缶

開罐器
....
缶切り

隔熱手套
....
鍋つかみ

水槽
....
流し

刷子
....
ブラシ

海綿
....
スポンジ

攪拌機
....
ミキサー

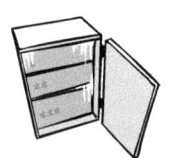

冷藏箱
....
冷凍庫

奶瓶
....
哺乳瓶

水龍頭
....
蛇口

供暖裝置
ヒーター

毛巾
タオル

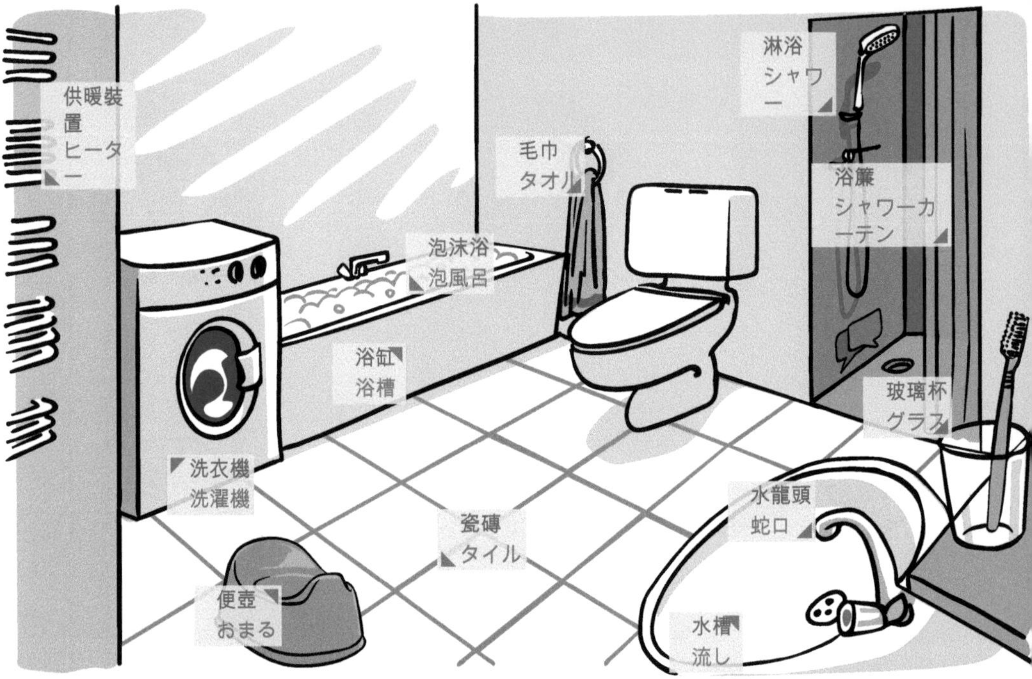

淋浴
シャワー

泡沫浴
泡風呂

浴簾
シャワーカーテン

浴缸
浴槽

玻璃杯
グラス

洗衣機
洗濯機

瓷磚
タイル

水龍頭
蛇口

便壺
おまる

水槽
流し

廁所	蹲便器	坐浴器
トイレ	和式トイレ	ビデ

小便斗	廁紙	馬桶刷
小便器	トイレットペーパー	トイレブラシ

牙刷
歯ブラシ

牙膏
歯みがき

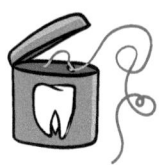

牙線
デンタルフロス

洗
洗う

手持式蓮蓬頭
シャワーヘッド

沖洗器
ハンドビデ

洗臉盆
洗面台

洗背刷
ボディブラシ

肥皂
石鹸

沐浴露
シャワー用ジェル

洗髮乳
シャンプー

法蘭絨
浴用タオル

排水
排水口

乳霜
クリーム

除臭劑
消臭

鏡子

鏡

手鏡

手鏡

刮鬍刀

かみそり

刮鬍泡沫

シェービング・フォーム

鬍後水

アフターシェーブローション

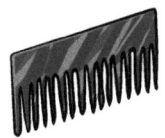

梳子

櫛

刷子

ブラシ

吹風機

ドライヤー

噴髪定型劑

ヘアスプレー

化妝品

化粧

唇膏

口紅

指甲油

マニキュア

化妝棉

脱脂綿

指甲剪

爪切り

香水

香水

洗漱包
洗面用具入れ

凳子
スツール

計重秤
体重計

浴袍
バスローブ

橡膠手套
ゴム手袋

衛生棉條
タンポン

衛生棉
生理用ナプキン

化學廁所
ケミカルトイレ

兒童房
子供部屋

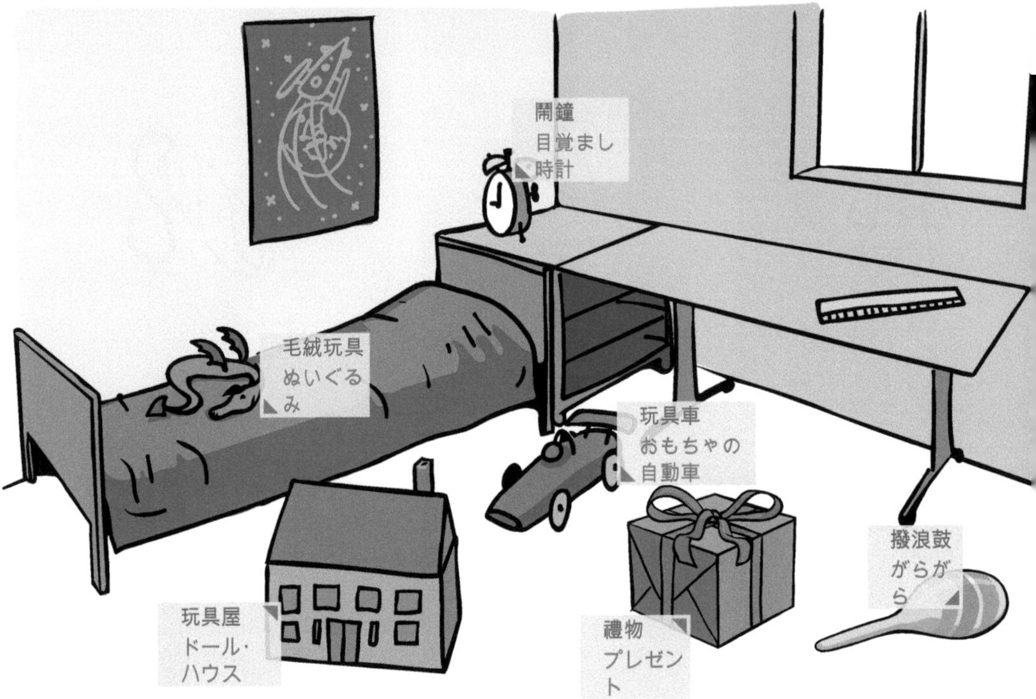

鬧鐘
目覚まし時計
毛絨玩具
ぬいぐるみ
玩具車
おもちゃの自動車
撥浪鼓
がらがら
玩具屋
ドール・ハウス
禮物
プレゼント

氣球

風船

床

ベッド

嬰兒車

ベビーカー

撲克牌

カードゲーム

拼圖

ジグソーパズル

SUPER
MEGA

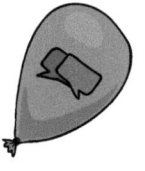

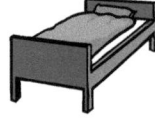

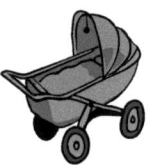

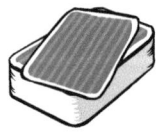

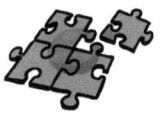

漫畫

漫画

樂高積木

レゴ

積木玩具

玩具ブロック

公仔

アクションフィギュア

嬰兒服

ロンパース

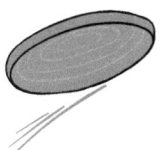

飛盤

フリスビー

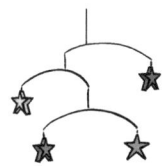

床鈴玩具

モバイル

棋盤遊戲

ボードゲーム

骰子

さいころ

火車模型

鉄道模型

安撫奶嘴

おしゃぶり

派對

パーティー

繪本

絵本

球

ボール

洋娃娃

人形

玩

遊ぶ

沙坑

砂場

鞦韆

ブランコ

玩具

おもちゃ

電玩遊戲

ゲーム機

三輪車

三輪車

泰迪熊

テディベア

衣櫃

衣装ダンス

衣服

衣服

襪子

靴下

長襪

ストッキング

緊身褲

タイツ

圍巾
スカーフ

雨傘
雨傘

T恤
Tシャツ

皮帶
ベルト

靴子
ブーツ

拖鞋
スリッパ

運動鞋
スニーカー

涼鞋	鞋	雨靴
サンダル	靴	ゴム長靴

內褲	胸罩	背心
パンツ	ブラ	ベスト

身體
ボディースーツ

褲子
ズボン

牛仔褲
ジーンズ

短裙
スカート

女式襯衫
ブラウス

襯衫
シャツ

套頭衫
セーター

連帽上衣
パーカー

西裝夾克
ブレザー

夾克
ジャケット

外套
コート

雨衣
レインコート

套裝
服装

連衣裙
ドレス

婚紗
ウェディングドレス

西裝
スーツ

睡袍
ナイトガウン

睡衣
パジャマ

莎麗
サリー

頭巾
ヘッドスカーフ

包頭巾
ターバン

波卡
ブルカ

卡夫坦
カフタン

(阿拉伯式)長袍
アバヤ

泳衣
水着

男式泳褲
トランクス

短褲
半ズボン

運動服
スウェットスーツ

圍裙
エプロン

手套
手袋

鈕扣
ボタン

眼鏡
メガネ

手鏈
ブレスレット

項鍊
ネックレス

戒指
指輪

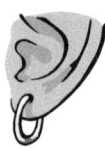

耳環
イヤリング

便帽
帽子

衣架
ハンガー

帽子
帽子

領帶
ネクタイ

拉鍊
ファスナー

安全帽
ヘルメット

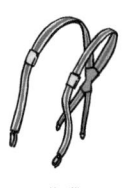

背帶
サスペンダー

校服
制服

制服
ユニフォーム

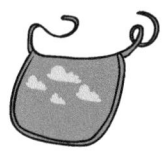

圍兜

よだれかけ

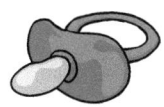

安撫奶嘴

おしゃぶり

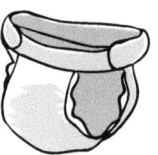

尿布

おむつ

辦公室

オフィス

紙
紙
檔案櫃
書類キャビネット
印表機
プリンター
伺服器
サーバ
螢幕
モニター
滑鼠
マウス
辦公桌
事務机
資料夾
フォルダー
鍵盤
キーボード
廢紙簍
ごみ箱
電腦
コンピューター
椅子
椅子

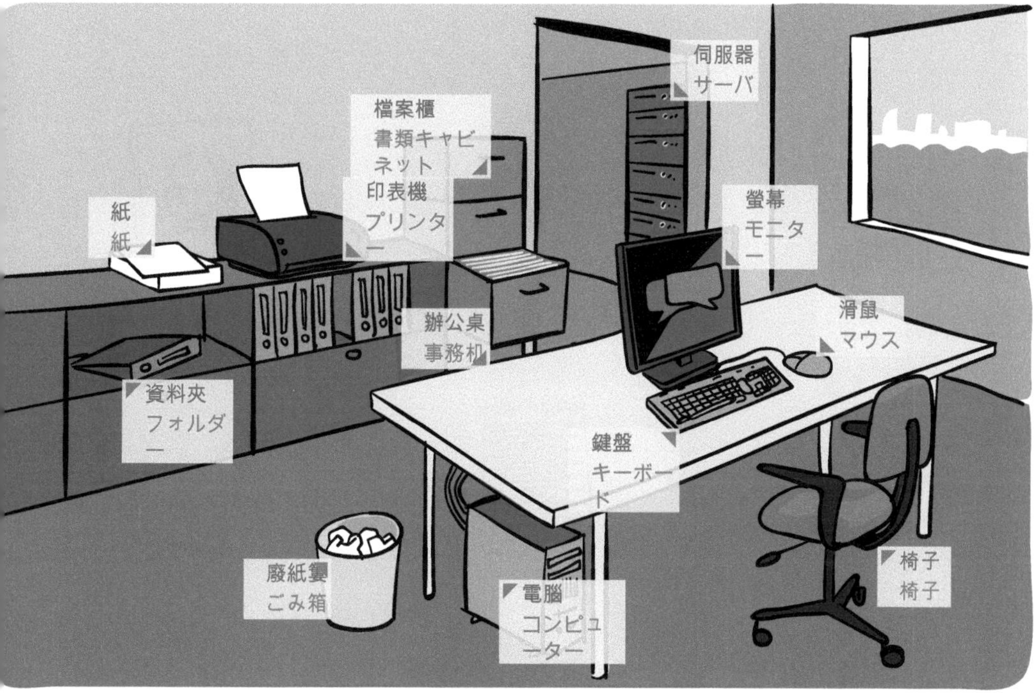

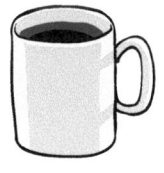

咖啡杯

コーヒーマグ

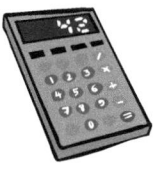

計算機

計算機

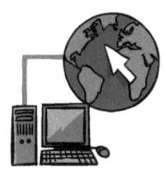

網際網路

インターネット

筆記型電腦
ラップトップ

信件
手紙

簡訊
メッセージ

行動電話
携帯電話

網路
ネットワーク

影印機
コピー機

軟體
ソフトウェア

電話
電話

插座
コンセント

傳真機
ファックス

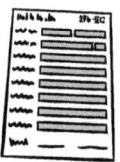

表格
フォーム

檔案
書類

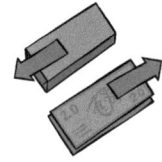

買

買う

付錢

支払う

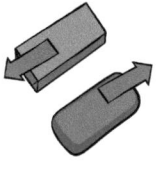

交易

取引する

現金

お金

美元

ドル

歐元

ユーロ

日元

円

盧布

ルーブル

瑞士法郎

スイスフラン

人民幣

人民元

盧比

ルピー

提款處

キャッシュポイント

外幣兌換處
両替所

金
金

銀
銀

石油
油

能源
エネルギー

價格
価格

合約
契約

稅金
税金

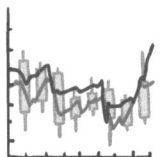

股票
株

工作
働く

職員
従業員

老闆
雇用主

工廠
工場

商店
ショップ

職業

職業

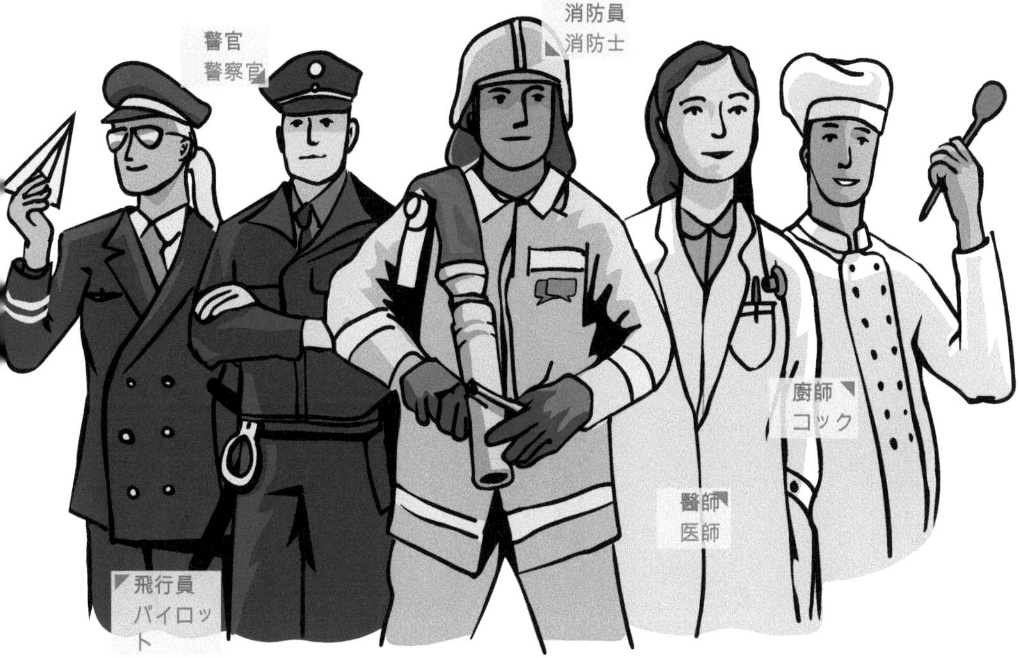

消防員
消防士
警官
警察官
廚師
コック
醫師
医師
飛行員
パイロット

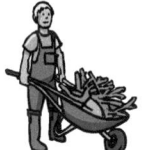

園丁

庭師

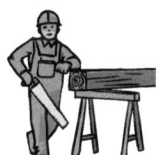

木匠

大工

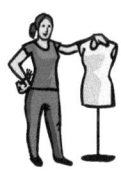

裁縫

お針子

法官

裁判官

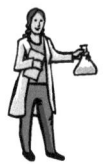

化學家

化学者

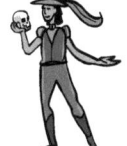

演員

俳優

公車司機
バスの運転手

計程車司機
タクシー運転手

漁夫
漁師

清洗女工
掃除婦

屋頂工
屋根ふき職人

服務生
ウェイター

獵人
ハンター

畫家
塗装工

麵包師
パン屋

電工
電気工

建築工人
建設作業員

工程師
エンジニア

屠夫
肉屋

水管工
配管工

郵差
郵便配達人

士兵

軍人

建築師

建築家

收銀員

レジ係

花農

花屋

理髮師

美容師

售票員

車掌

機械技師

機械工

船長

キャプテン

牙醫

歯科医

科學家

科学者

拉比

ラビ

伊瑪目

イスラム導師

和尚

修道士

牧師

牧師

工具
道具

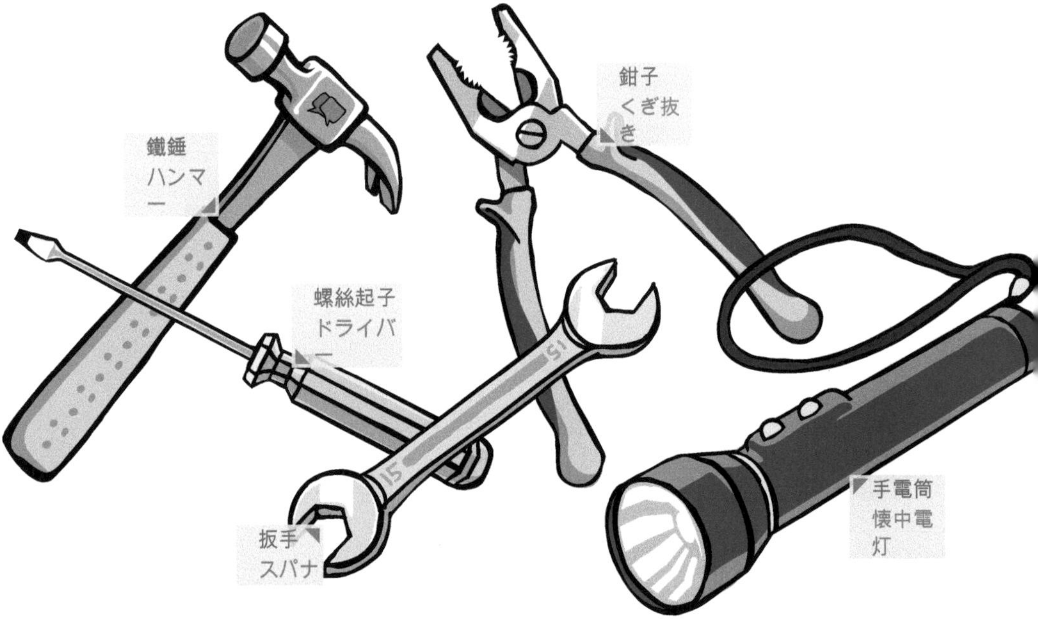
鐵錘
ハンマー
鉗子
くぎ抜き
螺絲起子
ドライバー
扳手
スパナ
手電筒
懐中電灯

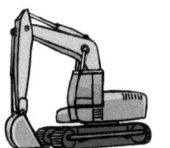

挖掘機
掘削機

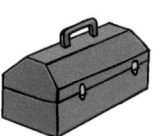

工具箱
道具箱

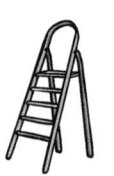

梯子
はしご

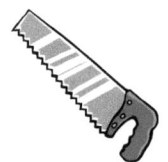

鋸子
のこぎり

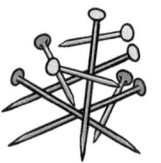

釘子
釘

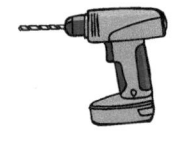

鑽機
ドリル

修
修理する

鏟子
シャベル

糟糕！
クソ！

畚箕
ちりとり

油漆桶
ペンキ缶

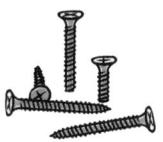

螺絲
ネジ

樂器
楽器

打擊樂
器
打楽器

揚聲器
スピーカ
ー

吉他
ギター

低音提琴
コントラ
バス

小號
トランペ
ット

鋼琴
ピアノ

小提琴
バイオリン

貝斯
バス

定音鼓
ティンパニ

鼓
ドラム

電子琴
キーボード

薩克斯風
サックス

長笛
フルート

麥克風
マイクロフォン

老虎
虎

入口
入口

籠子
おり

斑馬
シマウ
マ

動物飼
料
飼料

熊貓
パンダ

動物

動物

大象

象

袋鼠

カンガルー

犀牛

サイ

大猩猩

ゴリラ

熊

熊

動物園 – 動物園

駱駝

ラクダ

鴕鳥

ダチョウ

獅子

ライオン

猴子

猿

紅鶴

フラミンゴ

鸚鵡

オウム

北極熊

白クマ

企鵝

ペンギン

鯊魚

サメ

孔雀

クジャク

蛇

蛇

鱷魚

ワニ

動物園管理員

飼育係

海豹

アザラシ

美洲豹

ジャガー

矮種馬

ポニー

豹

ヒョウ

河馬

カバ

長頸鹿

キリン

老鷹

鷲

野豬

雄豚

魚

魚

龜

亀

海象

セイウチ

狐狸

狐

羚羊

ガゼル

橄欖球
アメフト

騎腳踏車
サイクリング

網球
テニス

籃球
バスケット
ボール

游泳
水泳

拳擊
ボクシング

冰球
アイスホッケー

美式足球

サッカー

羽毛球

バドミントン

田徑

陸上競技

手球

ハンドボール

滑雪

スキー

馬球

ポロ

跳
跳ぶ

擁抱
抱きしめる

唱
歌う

笑
笑う

走路
歩く

做夢
夢見る

祈禱
祈る

親吻
キス

書寫
書く

畫
描く

展示
示す

推
押す

給
与える

拿
取る

有
持っている

做
する

當
ある

站
立つ

跑
走る

拉
引く

丟
投げる

摔倒
落ちる

躺
横たわっている

等待
待つ

攜帶
運ぶ

坐
座る

穿衣
着る

睡覺
眠る

醒來
目が覚める

看
見る

哭
泣く

撃
なでる

梳頭
櫛ですく

交談
話す

明白
理解する

問
質問する

聽
聞く

喝
飲む

吃
食べる

清理
片づける

愛
愛する

做飯
料理する

開車
運転する

飛
飛ぶ

航行

ヨットに乗る

計算

計算する

讀

読む

學習

学ぶ

工作

働く

結婚

結婚する

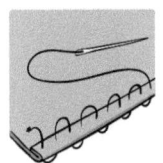

縫

縫う

刷牙

歯を磨く

殺

殺す

抽菸

喫煙する

寄

送る

66　　　　　　　　　　　活動 - 活動

祖母
祖母

祖父
祖父

父親
父

母親
母

嬰兒
赤ん坊

女兒
娘

兒子
息子

客人

お客様

阿姨

おば

叔叔

おじ

兄弟

兄弟

姐妹

姉妹

身體
体

前額
ひたい
眼睛
目
臉
顔
下巴
あご
乳房
胸
手指
指
手
手
手臂
腕
肩膀
肩
腿
脚

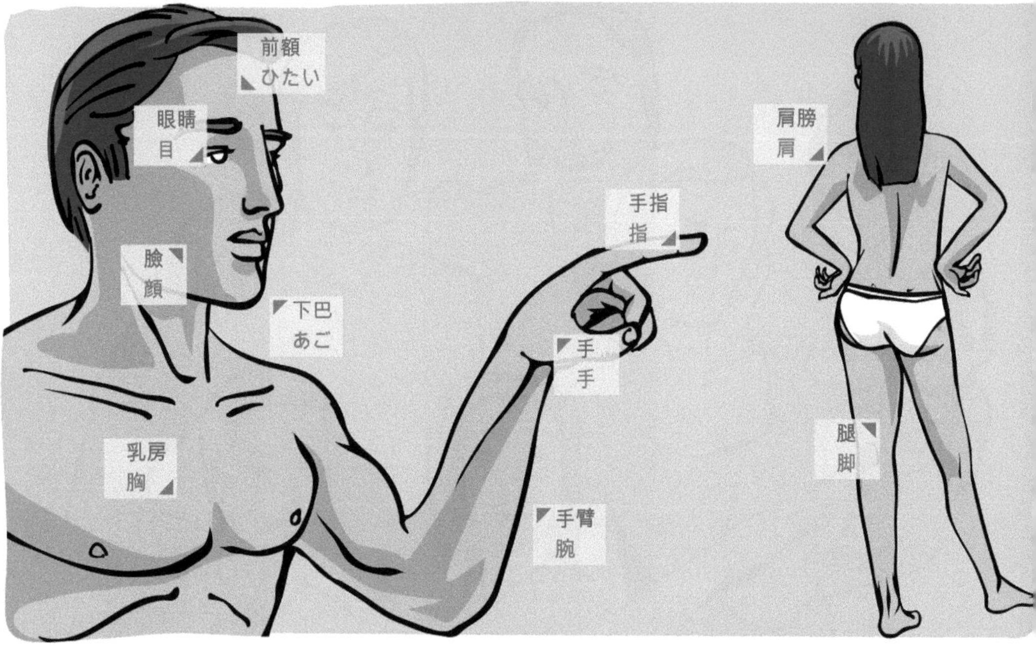

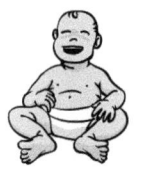

嬰兒
赤ん坊

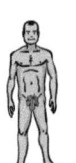

男人
男性

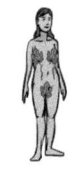

女人
女性

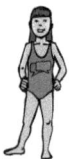

女孩
少女

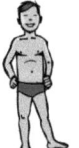

男孩
少年

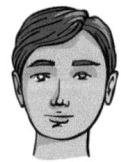

頭
頭

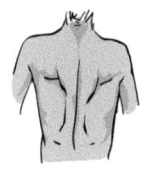

背部
背中

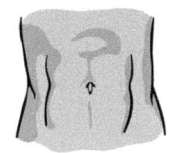

肚子
腹

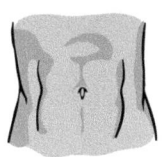

肚臍
へそ

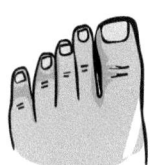

腳趾
足指

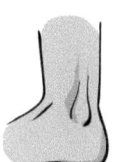

腳後跟
かかと

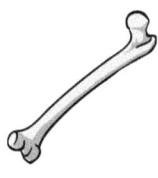

骨頭
骨

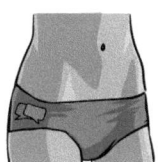

臀部
腰

膝蓋
ひざ

手肘
ひじ

鼻子
鼻

屁股
尻

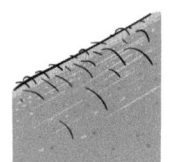

皮膚
皮膚

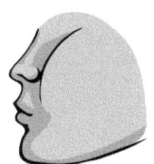

臉頰
頰

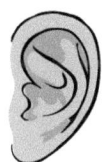

耳朵
耳

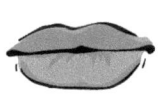

嘴唇
唇

嘴
口

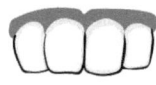

牙齒
歯

舌頭
舌

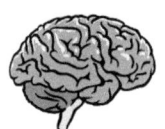

腦
脳

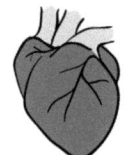

心臟
心臓

肌肉
筋肉

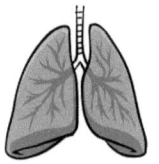

肺
肺

肝臟
肝臓

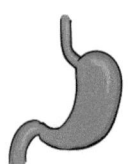

胃
胃

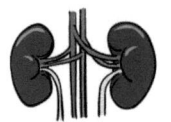

腎臟
腎臓

性交
セックス

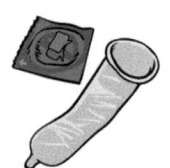

保險套
コンドーム

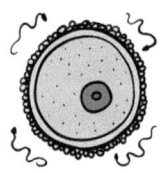

卵子
卵細胞

精子
精液

懷孕
妊娠

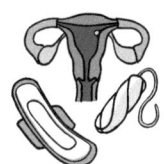

月事
月経

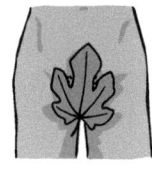

陰道
膣

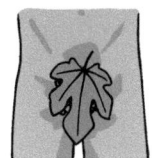

陰莖
ペニス

眉毛
眉

頭髮
髪

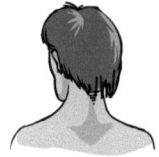

脖子
首

醫院
病院

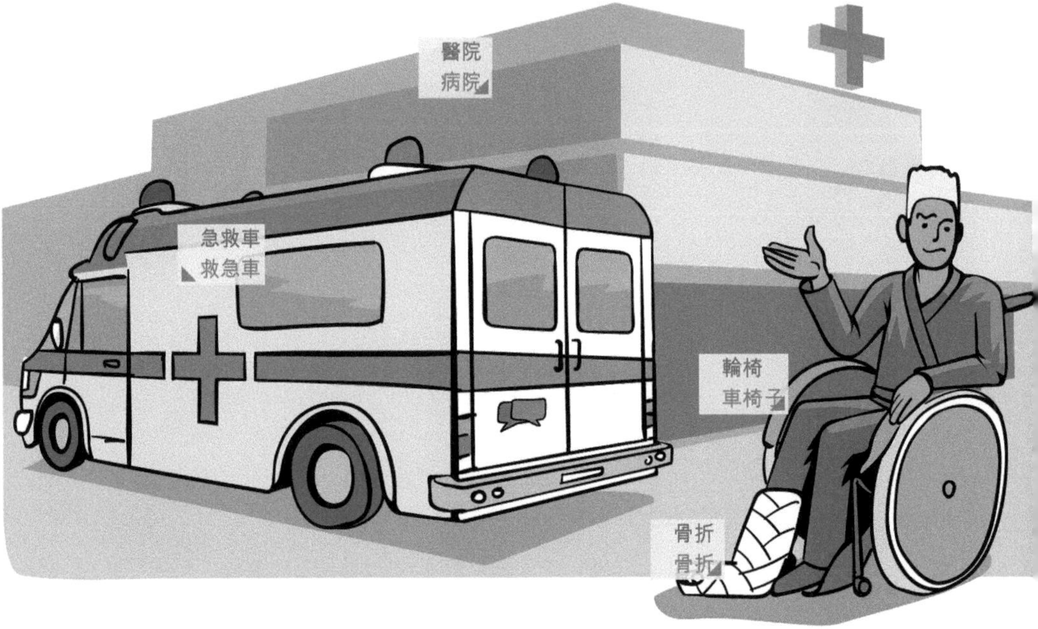

醫院
病院
急救車
救急車
輪椅
車椅子
骨折
骨折

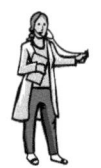

醫師

医師

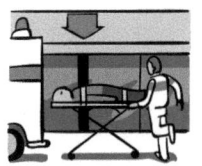

急診室

救急治療室

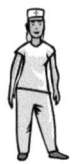

護理師

看護師

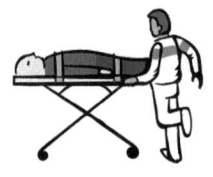

緊急情形

救急

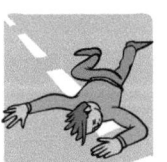

昏迷

失神

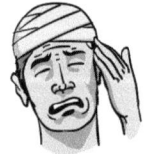

痛

痛み

受傷
けが

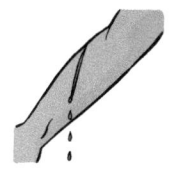

出血
出血

心臟病發作
心臓発作

中風
脳卒中

過敏
アレルギー

咳嗽
咳

發燒
熱

流感
インフルエンザ

腹瀉
下痢

頭痛
頭痛

癌症
癌

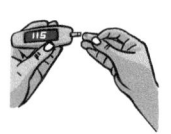

糖尿病
糖尿病

外科醫師
外科医

手術刀
外科用メス

手術
手術

電腦斷層掃描
CT

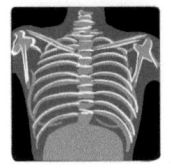

X光
レントゲン

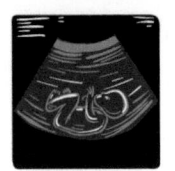

超音波
超音波

口罩
マスク

疾病
病気

候診室
待合室

拐杖
松葉づえ

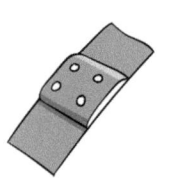

石膏
ばんそうこう

繃帶
包帯

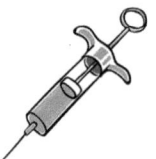

注射
注射

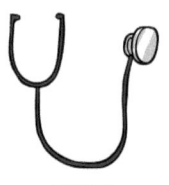

聽診器
聴診器

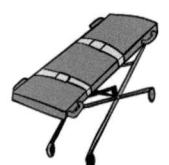

擔架
担架

體溫計
体温計

出生
出産

超重
肥満

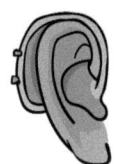

助聽器
....
補聴器

消毒液
....
消毒剤

感染
....
感染

病毒
....
ウイルス

愛滋病
....
HIV / エイズ

藥物
....
内服薬

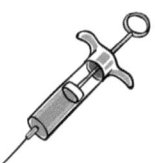

接種疫苗
....
予防接種

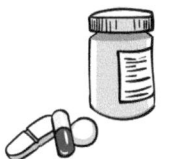

藥片
....
錠剤

藥丸
....
ピル

急救電話
....
緊急電話

血壓計
....
血圧計

生病/健康
....
病気の / 健康な

救命！

助けて！

突撃

暴行

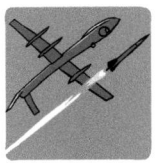

攻撃

攻撃

危険

危険

緊急出口

非常口

失火了！

火事だ！

滅火器

消火器

意外

事故

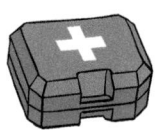

急救箱

救急箱

呼救訊號

SOS

員警

警察

歐洲
ヨーロッパ

北美洲
北米

南美洲
南米

非洲
アフリカ

亞洲
アジア

澳洲
オーストラリア

大西洋
大西洋

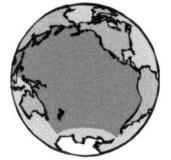

太平洋
太平洋

印度洋
インド洋

南冰洋
南極海

北冰洋
北極海

北極
北極

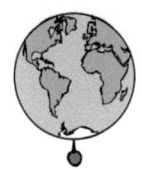

南極
....
南極

南極洲
....
南極大陸

地球
....
地球

陸地
....
陸

海
....
海

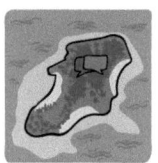

島
....
島

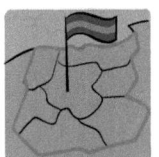

國家
....
国家

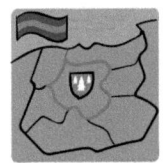

州
....
国家

錶盤

文字盤

時針

短針

分針

長針

秒針

秒針

現在幾點？

何時ですか？

天

日

時間

時間

現在

現在

電子錶

デジタル時計

分

分

時

時間

週

週

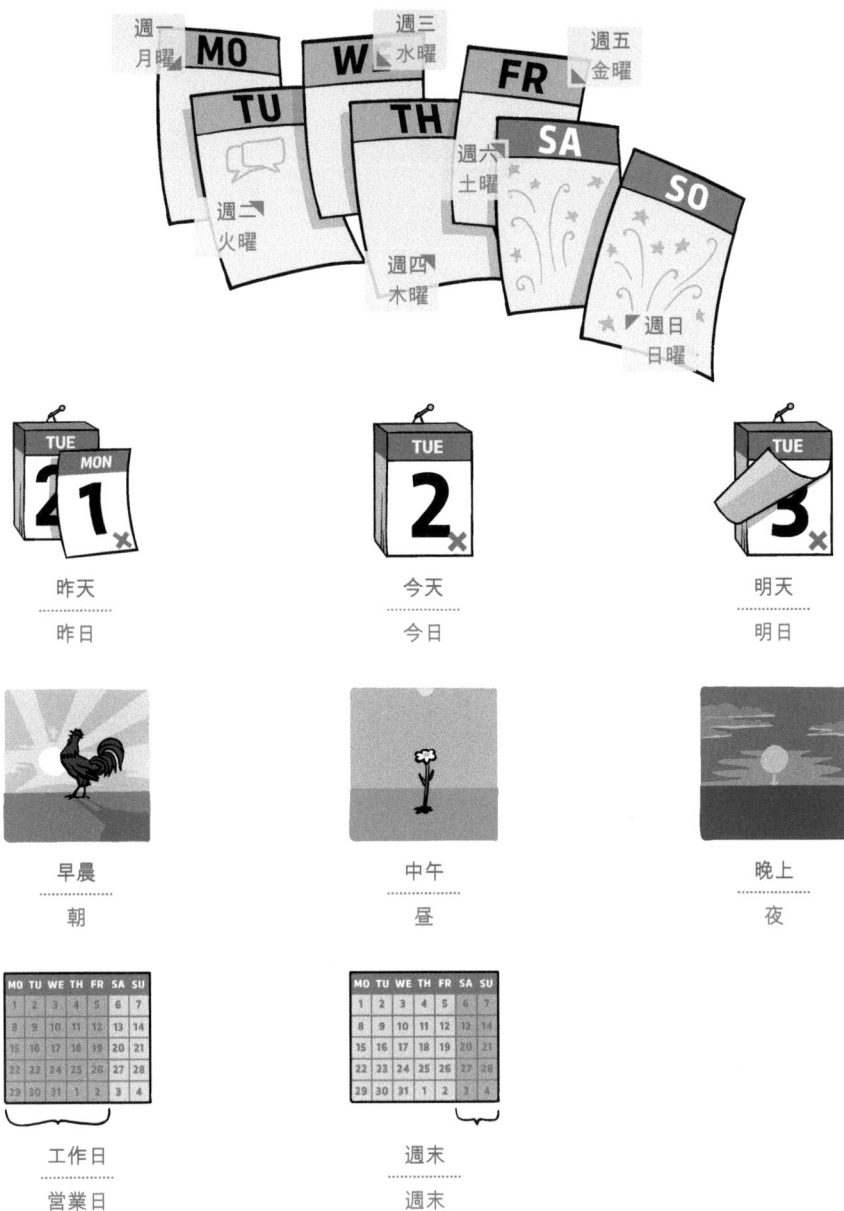

週一 / 月曜　MO
週二 / 火曜　TU
週三 / 水曜　W
週四 / 木曜　TH
週五 / 金曜　FR
週六 / 土曜　SA
週日 / 日曜　SO

昨天 — 昨日

今天 — 今日

明天 — 明日

早晨 — 朝

中午 — 昼

晚上 — 夜

工作日 — 營業日

週末 — 週末

雨
雨

彩虹
虹

風
風

雪
雪

春
春

秋
秋

夏
夏

冬
冬

天氣預告
天気予報

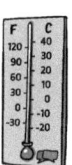

溫度計
温度計

陽光
日差し

雲
雲

霧
霧

潮濕
湿度

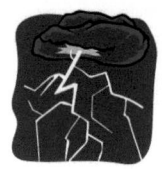

閃電
....
雷

打雷
....
雷

風暴
....
嵐

冰雹
....
ひょう

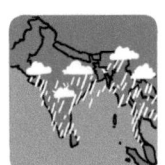

季風
....
季節風

洪水
....
洪水

冰
....
氷

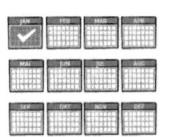

一月
....
1月

二月
....
2月

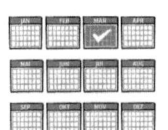

三月
....
3月

四月
....
4月

五月
....
5月

六月
....
6月

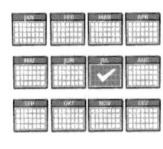

七月
....
7月

八月
....
8月

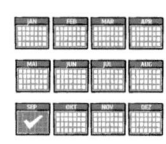

九月

9月

十月

10月

十一月

11月

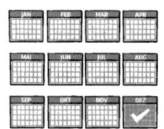

十二月

12月

形狀
形

圓形

円

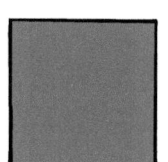

正方形

正方形

長方形

長方形

三角形

三角

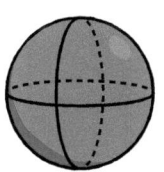

球體

球

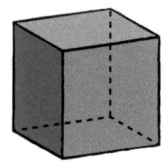

立方體

立方体

形狀 - 形   83

白
....
白

黄
....
黄

橙
....
オレンジ

粉
....
ピンク

紅
....
赤

紫
....
紫

藍
....
青

緑
....
緑

棕
....
茶

灰
....
灰色

黑
....
黑

很多/少許

多い　/　少ない

生氣/平靜

怒っている /
落ち着いている

美/醜

美しい　/　醜い

首/尾

初め　/　終わり

大/小

大きい　/　小さい

明/暗

明るい　/　暗い

兄弟/姐妹

兄弟　/　姉妹

乾淨/骯髒

清潔な / 汚い

完整/缺失

完全な　/　不完全な

白天/晚上

日中　/　夜

死/生

死んだ　/　生きている

寬/窄

幅広い　/　狭い

可食用/非食用

食べられる /
食べられない

邪悪/善良

悪意のある / 親切な

興奮/無聊

興奮している /
退屈している

胖/痩

太った / 痩せた

第一/最後

最初に / 最後に

朋友/敵人

友人 / 敵

満/空

いっぱいの / 空の

硬/軟

硬い / 柔らかい

重/軽

重い / 軽い

餓/渇

空腹 / 喉の渇き

生病/健康

病気の / 健康な

非法/合法

違法な / 合法な

聰明/愚笨

賢い / 愚かな

左/右

左に / 右に

近/遠

近い / 遠い

新/舊

新しい / 中古の

沒有/有些

何もない / 何かある

老/幼

老いた / 若い

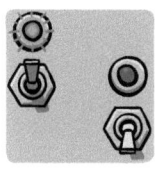

開/關

オン / オフ

打開/闔上

開いている /
閉まっている

安靜/吵鬧

静かな / うるさい

富/窮

裕福な / 貧乏な

對/錯

正しい / 間違っている

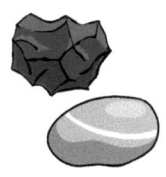

粗糙/光滑

粗い / なめらか

傷心/高興

悲しい / 幸せな

短/長

短い / 長い

慢/快

ゆっくり / 速い

濕/乾

濡れた / 乾いた

溫暖/涼爽

温かい / 冷たい

戰爭/和平

戦争 / 平和

0

零
....
ゼロ

1

一
....
1

2

二
....
2

3

三
....
3

4

四
....
4

5

五
....
5

6

六
....
6

7

七
....
7

8

八
....
8

9

九
....
9

10

十
....
10

11

十一
....
11

12

十二
12

13

十三
13

14

十四
14

15

十五
15

16

十六
16

17

十七
17

18

十八
18

19

十九
19

20

二十
20

100

百
100

1.000

千
1000

1.000.000

百萬
100万

英語

英語

美式英語

アメリカ英語

普通話

中国標準語

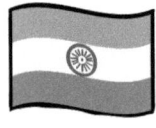

印地語

ヒンディー語

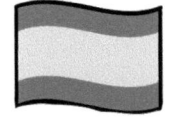

西班牙語

スペイン語

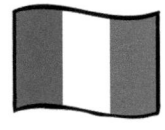

法語

フランス語

阿拉伯語

アラビア語

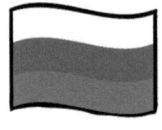

俄語

ロシア語

葡萄牙語

ポルトガル語

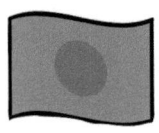

孟加拉語

ベンガル語

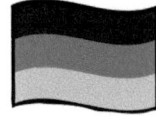

德語

ドイツ語

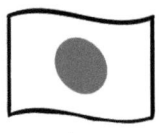

日語

日本語

我

私

你

あなた

他/她/它

彼 / 彼女 / それ

我們

私たち

你們

あなたたち

他們

彼ら

誰？

誰？

什麼？

何？

如何？

どうやって？

何處？

どこ？

何時？

いつ？

名字

名前

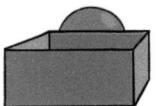

後面

後ろ

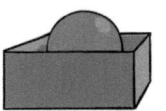

裡面

中

前面

前

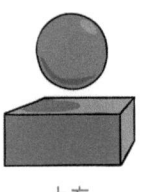

上方

上

上面

上

下麵

下

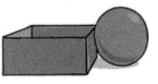

旁邊

橫

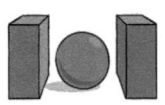

中間

間

地點

場所